Caniches

Grace Hansen

Abdo
PERROS
Kids

abdopublishing.com

Published by Abdo Kids, a division of ABDO, P.O. Box 398166, Minneapolis, Minnesota 55439.

Copyright © 2017 by Abdo Consulting Group, Inc. International copyrights reserved in all countries. No part of this book may be reproduced in any form without written permission from the publisher.

Printed in the United States of America, North Mankato, Minnesota.

102016

012017

 THIS BOOK CONTAINS RECYCLED MATERIALS

Spanish Translator: Maria Puchol

Photo Credits: iStock, Shutterstock, Thinkstock

Production Contributors: Teddy Borth, Jennie Forsberg, Grace Hansen

Design Contributors: Dorothy Toth, Laura Mitchell

Publisher's Cataloging-in-Publication Data

Names: Hansen, Grace, author.

Title: Caniches / by Grace Hansen.

Other titles: Poodles. Spanish

Description: Minneapolis, MN : Abdo Kids, 2017. | Series: Perros. Set 2 |
    Includes bibliographical references and index.

Identifiers: LCCN 2016947988 | ISBN 9781624027031 (lib. bdg.) |
    ISBN 9781624029271 (ebook)

Subjects: LCSH: Poodle (Dog breed)--Juvenile literature. | Spanish language
    materials--Juvenile literature.

Classification: DDC 636.753--dc23

LC record available at http://lccn.loc.gov/2016947988

Contenido

Caniches

Los caniches pueden parecer un poco **presumidos**. En realidad son muy amigables. ¡Se los conoce por ser juguetones!

4

Los caniches pueden ser de tres tamaños. El tamaño estándar, el enano y el toy. Los caniches estándar son los más grandes. Los toy son los más pequeños.

estándar

enano

toy

7

Los caniches tienen el pelo denso y rizado. Pueden ser de muchos colores. Los colores más comunes son el café claro, el gris y el blanco.

café
claro

gris

blanco

9

Cuidados y ejercicio

A los caniches no se les cae mucho el pelo. Sin embargo, su pelo rizado **se enreda** con facilidad. Hay que cortarles el pelo cada cuatro o seis semanas.

11

Los caniches más grandes

suelen ser más activos.

Necesitan correr y jugar.

Les gusta estar entretenidos.

Todos los caniches necesitan hacer ejercicio. Es importante sacarlos a caminar todos los días. ¡Es divertido jugar a tirarles una pelota!

Inteligencia y personalidad

Todos los caniches son muy inteligentes. Es fácil entrenarlos. ¡Les gusta aprender trucos nuevos!

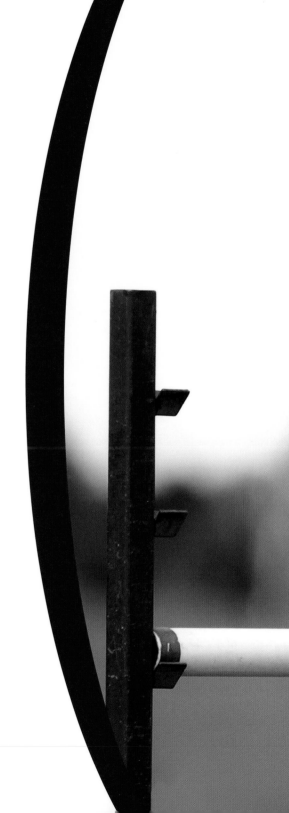

17

A los caniches no les gusta estar solos durante mucho tiempo. Están más felices cuando están con su familia.